Vampyrismus

Freiherr van Gerard Swieten

Alpha Editions

This edition published in 2022

ISBN : 9789356903098

Design and Setting By
Alpha Editions
www.alphaedis.com
Email - info@alphaedis.com

Vorrede.

Die vorhergehende Schrift, **Abhandlung des Daseyns der Gespenster**, welche mir von meinem gelehrten Freunde zum Drucke zu befördern ist geschickt worden; ist mit größter Deutlichkeit, mit bester Ordnung, mit gründlicher Gelehrtheit abgefasset. Diese wenigen Bogen einer so nutzbaren Abhandlung bringen dem Verfasser mehr Ehre, und dem Vaterlande mehr Vortheil, als wenn er ganze schweißtreibende Folianten von scholastischen, thomistischen, scotistischen, mollinistischen, und was weis ich, von was noch für istischen Materien zusammen geschrieben hätte. Der Verfasser dieses Werkchens hat der gelehrten Welt schon mehrere dergleichen Abhandlungen nützlicher Materien gelieferet, und stehet wirklich schon von zweyen Jahren her mit einem andern sehr gelehrten Werke zum Drucke fertig, welches ich zum Theil eingesehen, gelesen, bewunderet habe. Aber seine kümmerliche Umstände gestatten es ihm nicht, damit ins Tageslicht zu tretten. Nur schade, daß, ungeacht unser Baiern nicht gar viel gelehrte Patrioten aufweisen kann, man einen so herrlichen Kopf in musenfeindlichen Gegenden im verborgenen schmachten läßt, an statt ihn mit Sorgfalt zu suchen. Sein geringes Vermögen, und als ein Landeskind gebohren zu seyn, sind vieleicht die ächten Ursachen, welche ihn, wenn er auch bekannt seyn würde, wo nicht der Verachtung, doch einer kalten Gleichgültigkeit bloß stellen würden. Zum wenigsten hat der ehrliche Mann nicht Schulde daran, wenn er mit all seiner Fähigkeit dem Staate nichts nützet, und vor andern nicht gesucht wird.

Ipse licet venias Musis comitatus Homere,
Si nihil attuleris, ibis, Homere, foras.

Nur Fürsten, Königen, sagt Corneille in seinen Horatziern, nur den Großen dieser Erde, nur erhabenen Geistern kömmt es zu, das wahre Lob um das Vaterland bestverdienten Männer der ewigen Unwissenheit zu entreissen; diesen fehlt es niemal an Mitteln, die Tugend auch in ihren kleinsten Handlungen groß zu machen.

C'est aux Rois, c'est aux Grands, c'est aux Esprits bien faits,
A voir la vertû pleine, en ses moindres effets.
C'est d'eux seuls qu'on reçoit la veritable gloire;
Eux seuls des vrays heros assûrent la memoire.

Nachdem also dieser gelehrte Mann **von dem Daseyn der Gespenster** so gründlich gehandelt, so nehme ich Anlaß, einige **Anmerkungen über die**

vorgegebene Zauberey der Abgestorbenen unter dem Titel **Vampyrismus** anzuhangen, weil diese der ersten Materie ganz ähnlich ist.

Diese **Anmerkungen über die vorgegebene Zauberey der Abgestorbenen**, lateinisch Magia Posthuma, wurde im Jahre 1755. im Märzmonat in französischer Sprache von einem der berühmtesten Männer, die Europa aufzeigen kann, nämlich von Herrn Baron Gerhard van-Swieten, ersten Leibarzten Ihrer kaiserl. Majestäten, und damaligen Hofbibliothecarius, den seine immer anwachsende Verdienste indessen zu größern Titel, Ansehen und Ruhm erhoben haben; zu Wienn verfasset, und gedrucket.a) Sie ist bald hernach im Hornung 1756. von einer gleichfalls gründlichen Feder ins Deutsche versetzet worden.

Ich unterlasse hier diesem schönen, und höchst nutzbaren Werke das billige Lob zu sprechen, welches ihm kein unpartheyischer Leser wird versagen können. Denn des Verfassers Ruhm (den die forschende dankbare Nachwelt mit Ehrfurcht seiner Asche in die ewige Jahre hinein zollen wird) ist ohnehin schon so groß, daß ihm durch meine geringschätzige Lobsprüche wohl nicht vieles zuwachsen wurde. Des gelehrten Uebersetzers Namen aber verschweige ich gar, weil es mir aus unbekannten Ursachen nicht erlaubt ist, ihn zu nennen. Er ist durch ein großes Werk, mit welchem er viele nützliche Erkenntnissen und Wissenschaften aus dem Alterthum der Vergessenheit entrissen hat, den Gelehrten genug bekannt geworden, und wird es bis zur Unsterblichkeit werden, durch ein noch größeres Werk, zu dem alle Liebhaber der feinen Musen mit Eifer schon wirklich pränumeriren.

Im nämlichen Jahre 1756. im Octobermonat wurde dieses Werk aus der französischen auch in die italienische Sprache übersetzet, vom Uebersetzer mit gelehrten Anmerkungen bereichet, und zu Rovereid gedrucket. Diese Uebersetzung führet den Titel: Considerazione intorno alla pretesa *Magia Postuma* presentata al supremo Direttorio di Vienna dal Signor Barone Gerardo Van-Swieten Archiatro delle Cesaree Maestà, e Prefetto della loro Bibliotheca. Dal Francese nell'Italiano recata con annotazioni del traduttore. Roveredo ai 26. Ottobre 1756.

Die wälschen Anmerkungen werde ich ins Deutsche übersetzen. Das deutsche Werkchen selbst aber werde ich getreulich so liefern, wie es aus der Feder des gelehrten Uebersetzers geflossen ist. Daß ich den Titel: **Anmerkungen über die vorgegebene Zauberey der Abgestorbenen**, welchen sowohl die französische als italienische Schrift führet, nicht beibehalten habe, ist darum geschehen, weil ich eben auch in diesem Stücke dem deutschen Uebersetzer folgen wollte, der seiner Arbeit den Namen **Vampyrismus** schöpfte.

Der Aberglauben vom Vampyrismus wird lateinisch *Magia Posthuma*, oder Zauberey der Abgestorbenen, genennet. Die **Vampyren** aber sind verstorbene Menschen, welche zuweilen später, zuweilen eher aus dem Grabe aufstehen, den Menschen erscheinen, das Blut aussaugen, an die Hausthüren ungestümm anklopfen, Getöse im Hause erwecken, und öfters gar den Tod verursachen sollen. Wessentwegen dann auch sehr viele kaiserl. königl. scharfe Befehle in alle Erbländer ausgeschicket worden, diesem Abentheuer des Aberglauben Schranken zu setzen, dergleichen nur unter Barbaren, Ignoranten, oder Boshaften zu finden sind. In allen christcatholischen andern Ländern ist diese schädliche Meinung unbekannt. Nur in Ungarn, Mähren, Pohlen und Schlesien findet sie ihre Anhänger. Der Anfang dieses Uebels mag seinen Grund wohl ohne Zweifel in der schismatischen griechischen Einfalt haben, welche glaubt, daß der Teufel an statt der Seele den Körper des Menschen besitzen könne.

Außer dieser kurzen Erinnerung weis ich meinem Leser
nichts mehr zu sagen, als daß ich mich seiner
Gewogenheit und Freundschaft ergebenst
empfehle.

1. §.
Vom Vampyrismus überhaupt.

Wann die Menschen außerordentliche Wirkungen wahr genommen, derer Ursache sie nicht erkenneten, so leiteten sie dieselben von einer höheren Macht her, als diejenige ist, welche die Menschen besitzen. Die Geschichte zeiget uns in allen Jahrhunderten deutliche Spuren davon.

Nun ist es gewiß, und durch die heilige Schrift bestättiget, daß GOtt mit seiner Allmacht entweder unmittelbar durch seinen Willen, oder durch die heiligen Engel, Propheten, Apostel und andere Heiligen, die erstaunlichsten Werke hervorgebracht habe.

Die Kirchengeschichte kann dessen auch die Unglaubigsten überführen, daß diese Wunderwerke in den ersten Zeiten des Christenthums zu unzähligen malen geschehen sind. Gelehrte und redliche Protestanten sogar haben es nicht läugnen können, daß der heilige Indianerapostel durch offenbare Wunderwerke seine Mißion erwiesen habe. Es ist auch gewiß, daß der böse Geist durch Zulassung GOttes Werke gethan, welche natürliche Ursachen gänzlich übersteigen. Was sich mit unserem Heilande zugetragen hat, als er in der Wüste in Versuchung geführt worden, ist allein genug, es zu erweisen. Kein Christ kann es läugnen, daß es Menschen gegeben habe, welche vom bösen Geiste besessen waren; mithin der böse Geist über die menschlichen Leiber eine Macht habe.

Eben also ist es auch wahr, daß der Teufel durch Getümmel, durch abscheuliche Verblendungen &c. die Menschen in Furcht gebracht habe. Selbst die Protestanten bekennen es, daß die Heyden, welche in Indien die Götzen anbethen, alle die Bosheiten ihres verfluchten Meisters erfahren, dem sie dienen; sobald sie aber durch das Heil. Sacrament der Taufe von der Leibeigenschaft des Teufels los, und Mitglieder der Kirche werden, alle diese teuflischen Verblendungen ein Ende nehmen, welches zur Bekehrung sehr vieler Heyden Anlaß gegeben hat.

Daher ist hier die Frage nicht: ob dergleichen außerordentliche Wirkungen möglich sind? sondern die ganze Schwierigkeit beruhet darauf, zu erweisen, daß ein gewißer Zufall wirklich geschehen; und, wenn er geschehen, auch zu erweisen, daß es ein solcher Zufall sey, welcher die Kräften der natürlichen Ursachen übersteige.

Seitdem die Wissenschaften und Künsten in Aufnahm gekommen sind, hat man auch die natürlichsten Ursachen derjenigen Wirkungen, welche die Unwissenden in Erstaunen gesetzt hatten, auf das deutlichste entdecket. Zum Beispiele dessen dienen die Finsternissen, welche vormals ganze Völker, denen dieselbe als Wunderwerke vorkamen, in die entsetzlichste

Furcht, in Angst und Schrecken gestürzet hatten. Die Verbesserung der Sternwissenschaft aber hat all diese Furcht vertrieben. Dieses Schauspiel, welches vormals so erschrecklich geschienen, verursachet uns keine Furcht mehr. Wir bewundern ganz ruhig die Allmacht des Schöpfers, welcher diese großen Körper, in einem so unendlich weiten Raume, mit solcher Richtigkeit, durch so viele Jahrhunderte herumwälzet, daß sogar der schwache Menschenwitz es zuwege gebracht hat, derselben Wiederkunft auch auf zukünftige Jahrhunderten bis auf eine gewiße und gesetzte Zeit ausrechnen zu können.

Das Schüßpulver, die electrischen Wirkungen, die Verblendungen durch Spiegel und andere optische Kunststücke sind von solcher Beschaffenheit, daß man einen jeden Menschen, dem sie unbekannt sind, in die größte Verwunderung setzen kann. Es haben sich auch viele Betrüger derselben bedienet, das leichtglaubige Publicum damit zu überführen, daß sie die größten Zauberer wären.b)

Es ist auch richtig und gewiß, daß je mehr die Künsten und Wissenschaften aufnehmen, destomehr die Wunderwerke sich vermindern. Die Zauberey der Abgestorbenen (Magia posthuma) von welcher hier die Frage ist, dienet zu einem neuen Beweise.c) Denn alle diese Begebenheiten befinden sich nur in Gegenden, in welchen die Unwissenheit noch immer herrschet. Es ist auch wahrscheinlich, daß die schismatischen Griechen die Haupturheber derselben sind.d)

Tournefort ein gelehrter und erleuchter Leibarzt, zugleich aber der geschickteste Botanicus oder Kräuterverständige seines Jahrhunderts, da er von Ludwig dem Vierzehenten, Könige in Frankreich, in Asien geschickt worden, hauptsächlich in Griechenland diejenige Kräuter zu suchen, welche die Alten meistentheils sehr unrichtig beschrieben hatten, war selbst gegenwärtig, und sah denjenigen Körper sehr nahe, den man einer Zauberey nach dem Tode (Magiæ posthumæ) angeklagt hatte. Er sah auch alle Mittel, die man angewendet zu verhindern, damit der Teufel dieses Körpers sich nicht mehr bedienen könnte, die Lebendigen in Angst und Schrecken zu setzen.e) Die Umstände dieses Zufalls befinden sich in dem Buche, welches den Titel führet: Voyage au Levant par Mr. Tournefort. Und weil es nach Art und Weise der Briefen geschrieben ist, so steht gemeldte Geschichte im 3ten Briefe.

Diese Begebenheit kann zu erkennen geben, was man von derjenigen halten soll, welche sich in Ungarn in den Dorfschaften der Haydonen jenseits der Theisse gegen Siebenbürgen im Jahre 1732. zugetragen hat.f) Die Zauberey der Abgestorbenen (Magia posthuma) gieng damals in jenen Gegenden im Schwange. Man nannte die Todten, welche so boshaft waren, Vampyri, und glaubte, sie saugen sowohl uns Menschen als dem Viehe das

Blut.g) Und wenn ein Mensch von dem Fleische eines solchen Viehes etwas genossen hätte, er der Ordnung nach selbst auch zum Vampyre würde; und auf was immer eine Art er zum Vampyren werde, als nemlich ein Leidender (passivus) im Leben, so müßte er nach dem Tode ein thätiger (activus) seyn; ausgenommen, er hätte vorher von der Erde des Grabes eines Vampyres gegessen, und sich mit desselben Blute gerieben.

Allein es ist mir diese Begebenheit nur überhaupt bekannt, und ich vermeine, daß die mündliche Abhandlung (processus verbalis) über ihren Hergang im Anfange des 1732. Jahrs gehöriger Orten eingereicht worden.h)

Die Ceremonien, welche man dabey hat beobachten müssen, sind von dem Hadvagy oder Amtmanne des Orts angeordnet worden, welcher in vampyrischen Angelegenheiten ziemlich erfahren seyn mußte. Man stossete dem Vampyre einen sehr spitzigen Pfahl durch die Brust, und durch den ganzen Körper. Hierauf wurde ihm der Kopf abgehauen. Alles wurde verbrannt, und die Asche in die Grube zusammen gescharret.

Man kann geschwinde zu Vampyre werden. Denn der Vampyrismus steckt so sehr an, als die Krätzen. Man glaubt auch, daß der Körper eines Vampyrs in kurzer Zeit alle diejenigen Körper zu Vampyren mache, welche nach ihm in eben demselbigen Kirchhof begraben werden, im Fall der erste nicht bei Zeiten vertilget werde.

Da ich aber nicht von allen Umständen Nachricht habe, so will ich mich nur damit begnügen, daß ich hier einige Anmerkungen über diejenige Begebenheiten mache, welche erst vor kurzer Zeit durch Leute untersucht worden, welche von keinem Vorurtheile eingenommen sind, sondern klar sehen, und sich nicht leicht hinter das Licht führen lassen.i)

Es ist wahr, daß unsere Vampyren vom Jahre 1755. noch zu keine Blutsaugern geworden; die Vorbereitungen waren jedoch schon dazu vorhanden. Der Henker, ein in seinem Handwerke ohne Zweifel sehr wahrhafter Mann, versicherte, daß, wenn man die zum Feuer verurtheilten Körper in Stücke zerhieb, das Blut mit Gewalt, und häufig daraus hervorschöße, ob er schon hernach mit gröster Gelassenheit bekannte, daß dieses häufige Blut etwann einen Löffel voll ausmachen könnte. Dieses ziehet in der Geschichte eine ziemliche Veränderung nach sich.

Die außerordentlichen Vorfallenheiten, welche man will beobachtet haben, können in diese zween Punkten zusammen gezogen werden. Erstlich, daß die Körper der Todtenzauberer oder Vampyren nicht faulen, sondern ganz, und beisammen bleiben. Zweytens, daß die Vampyren die Lebendigen durch Erscheinungen, Getümmel, und durch Druckungen beunruhigen. Uber diese zween Punkten werde ich so kurz, als es möglich ist einige Anmerkungen machen.

2. §.
Ob die Körper der Vampyren faulen?

Ein Körper ist gemeiniglich zur Verfäulung gerichtet, durch welche alle Theile des Körpers, ausgenommen die Beine, fast gänzlich verschwinden, und nur ein wenig von einer sehr leichten Erde zurück lassen. Diese Fäulung aber geschieht im Grabe langsam ohne der geringsten Gewalt.

Dieses wird dadurch erwiesen, daß, wenn man einen Sarg fünfzehen Jahre nach desselben Begräbniß eröffnet, und sich in acht nimmt, daß der Sarg keinen Stoß bekommt, man vermeinet, der Körper liege unverletzet darinne. Mann kennet die ganze Gesichtsbildung, das Leilach, und all Ubriges. Sobald man aber den Sarg nur ein wenig beweget, so zerfällt alles in Staub, und das Gebeine allein verbleibet.

Dieweil die Todten mit der Zeit ihren Nachfolgern des Grabes halber Platz machen müssen, so hat man an vielen Orten 15. Jahre bestimmet, vor deren Verlauf die Todtengräber keinen Körper bewegen dörfen. Ich bin einigemale bei Eröffnung der Gräber gewesen, daß die Todtengräber mir einige Sargen ganz langsam aufgemacht. Hierdurch wurde ich überzeugt, daß wir nach unserem Tode den Würmen nicht zur Nahrung werden, zum wenigsten nicht allezeit, weil sonst die Gesichtsbildung nicht wäre stehen geblieben.

Wenn man die Gräber ausräumt, so findet man zu Zeiten ganze Körper, welche nicht verfault, sondern vielmehr ausgetrocknet, von einer braunlichten Farbe sind, und noch sehr hartes Fleisch haben, ohne daß man sie jemal vorhero einbalsamiret hätte. Ein Todtengräber versicherte mich, daß man unter hundert Todten gemeiniglich einen findet, welcher nur ausgetrocknet und ohne Fäulung sey. Hieraus schlüsse ich, daß ohne Beihilfe einer übernatürlichen Ursache, ein Körper viele Jahre ungefault bleiben könne.

Ich weis wohl, daß man vorgiebt, der Körper eines Vampyrs verbleibe nicht allein ohne Fäulung, sondern es bestehe das Fleisch auch in ihrer Frische, die Gliedmassen behalten ihre Bügsamkeit. Allein auch dieses findet man ohne Wunderwerk.

Da man die Körper der zween Erzherzoginnen, welche zu Brüssel gestorben, nach Wien überbracht hatte; so war ich gegenwärtig, als man die Sargen eröffnete. Die Gesichter waren ganz und die Nasenspitze beweglich &c. Es ist wahr sie waren einbalsamiret; allein die aromatischen Kräuter, die man dazu gelegt, waren schon ohne dem geringsten Geruch. Diese Erhaltung muß also zuvorderst den wohlverschlossenen bleiernen Sargen zugeeignet werden, welche nirgends keine Luft zuliessen, und also die Fäulung verhinderten.

Wann demnach die Sarg wohl verschlossen, die Erde von Natur fest auf einander ist, durch die Kälte nach der Begräbniß sich erhärtet, oder die Luft durch andere Mittel einzudringen verhindert wird; so erfolget entweders keine oder doch eine sehr langsame Fäulung.k)

Ich habe vor einigen Monaten eine kleine englische Abhandlung gelesen, welche im Jahre 1751. zu Londen gedruckt ans Licht getretten, darinne fand ich einen merkwürdigen, und sehr wohl erwiesenen Zufall. Im Monat Februarius 1750. eröfnete man in der Grafschaft Devonshire in Engelland die Begräbniß einer alten Familie, und zwischen vielen Gebeinen, auch vermoderten Sargen fand man einen noch ganzen hölzernen Sarg. Man eröfnete denselben aus Vorwitz, und fand einen ganzen Körper eines Menschen darinne, dessen fleischliche Theile noch ihre natürliche Festigkeit hatten, die Gliedmassen aber, als Achsel, Ellenbogen, auch alle Finger sehr bügsam waren. Wenn man das Gesicht drückte, so wich es dem Finger, und hob sich nach der Drückung wieder. Eben dieses beobachtete man am ganzen Leibe. Der Bart war schwarz, und bis vier Zoll lang. Der Körper war einbalsamirt. Denn man wurde weder eines Einschnitts noch eines anderen Zeichen desselben gewahr. Durch das Pfarrprotocoll wurde erwiesen, daß seit dem Jahre 1669. kein Mensch in diese Begräbniß gebracht worden. Hier haben wir also einen englischen Vampyre, welcher über 80. Jahre in seinem Grabe ruhig geblieben ist, und keinen Menschen belästiget hat.

In eben dieser Abhandlung findet man noch mehr dergleichen Zufälle, insonderheit, wenn die Gräber sehr tief, und von trockener Erde sind. Demnach nimmt man gemeiniglich wahr, daß, wenn solche Körper der offenen Luft ausgesetzt werden, dieselben bald in eine Fäulung gerathen. Dieses ist genug darzuthun, daß die Fäulung nicht allzeit, und gemeiniglich nur langsam geschehe, absonderlich, wenn die Erde durch die Kälte wohl geschlossen, oder der Sarg selbst vor der Luft wohl bewahret ist.

Lasset uns nun die angeführten Begebenheiten untersuchen das vampyrische Wesen zu behaupten.

Rosina Polakin stirbt den 22. December 1754. Den 19. Jenner 1755. aber wird sie ausgegraben, und als eine des Verbrennen würdige Vampyrinn erkläret, weil sie noch nicht verfaulet gewesen. Die Anatomisten erhalten die Körper an öffentlicher Luft im Winter zu 6. Wochen, auch zu zwey Monathen ohne Fäulung. Zu dem so ist noch anzumerken, daß dieser Winter außerordentlich kalt gewesen. In den übrigen Körpern hatte die Fäulung den größten Theil schon verzehrt; es war aber genug, daß nicht alles verfault gewesen. Sie mußten ins Feuer. Welche Unwissenheit! erschreckliche Dummheit! man redet in der Schrift des Consistorii zu Olmütz von gewissen

Zeichen, und Maalen, welche man in den Körpern der Vampyren soll gefunden haben. Allein sie werden nirgends beschrieben.l) Zween Bader, welche niemal einen geöffneten Körper gesehen, und kein Wort vom Baue des menschlichen Leibes wüßten, wie sie selbsten dem Commissario bekannten, sind diejenigen Zeugen, auf derer Veranlassung das Urtheil zum verbrennen gefället wird.

Es ist wahr der Commissarius von Olmütz hat nicht jederzeit einen Bader zur Untersuchung dieser Sache, der genug geschickt wäre. Man brauchte nur zween geistliche Commissarien, welche über den Vampyrismus ganz rittermäßig ihren Ausspruch thaten, dann es erhellet aus den Anteactis, daß man im Jahre 1723. den Körper eines Menschen 13. Tage nach seinem Hinscheiden verbrennen lassen, und im Urtheile gab man dieses für die Ursache an, weil seine Großmutter bei der Gemeinde in keinem guten Ruf gewesen sey.

Im Jahre 1724. verbrennte man den Körper eines Menschen 18. Tage nach dessen Tode, weil er mit dem Vorigen befreundet gewesen. Es war genug, wann man nur von der Freundschaft eines angegebenen Vampyrs gewesen, so hatte der Proceß bald ein Ende.

Man verbrennte den Körper eines Menschen zween Tage nach seinem Absterben aus keiner anderen Ursache, ohne weiterer Zeugenschaft, als weil der Körper nach dem Tode noch wohl und gut ausgesehen, und die Gliedmassen noch bügsam gewesen.

Aus allen dem, was oben angeführet worden, läßt sich klar abnehmen, daß die Erhaltung eines Körpers ohne Fäulung aus ganz natürlichen Ursachen geschehen könne; daß die Fäulung gemeiniglich eine lange Zeit erfordere, welche sich nach der vorhergehenden Krankheit, nach der Wärme oder Kälte der Luft, nach der Beschaffenheit der Erde, und noch vielen anderen zufälligen Nebensachen veränderen. Daß das Consistorium von Olmütz den Körpern die erforderliche Zeit der Fäulung nicht gelassen, mithin dieses Zeichen einer Zauberey der Todten grundfalsch sey.

Aus diesem falschen Grund hat man die abgeschmacktesten Folgen gezogen. Denn man hat geschlossen, daß ein angegebener Vampyre seine Bosheit allen den Körpern einflösse, welche nach ihm in eben demselben Freudhof begraben würden. Denn natürlicher Weise mußten diese Körper weniger verfault seyn, als andere, die man vor dem Vampyre eingegraben hat.

Aus diesem schönen Grund hat das Consistorium zu Olmütz den 23ten April 1731. neun Körper verbrennen lassen, unter welchen sieben kleine Kinderkörper waren, weil man dafür hielt, daß sie ein Vampyre angesteckt hätte, welcher vor ihnen in demselbigen Freudhofe begraben worden.

Den todten Körpern aber, welche vor dem Vampyre ihr Grab allda gefunden, wiederfuhr Gnade, doch haben die Herrn Commissarien Wabst, und Gosser erwiesen, daß in den unverdächtigen Körpern noch unversehrte Theile vorhanden gewesen, und in einem derselben auch ein wenig Blut gefunden worden. Sie haben auch dargethan, daß die zween Ignoranten, obbemelte Bader mit Lügen gehandelt.

3. §.
Ob die Vampyren die Lebendigen durch Erscheinungen &c. beunruhigen?

Nun ist es an dem, daß auch die Erscheinungen, welche von deren zum Theile oder ganz unverfaulten Körpern herkommen sollen, in einige Betrachtung gezogen werden.

Erstlich ist zu merken, daß kein Zeuge vorhanden, welcher aussage, daß die Todten den Lebendigen erscheinen, sondern man giebt nur vor, daß man eine Aengstigkeit und Beklemmung empfunden, welche zum Schlaffen gezwungen hat.

Ich lasse erachten, ob diese gute Leute, wenn die Einbildung durch die täglichen Erzählungen von Geistern und anderen Blendwerken &c. einmal eingenommen worden in ihren Betten vor dem Einschlaffen nicht haben in Furcht seyn sollen?

Aus der Untersuchung, welche die Commissarien angestellt haben, erhellet, daß sie die Aengstigkeiten nur damahl ausgestanden, wann sie gelegen waren, andere Zeugenschaften aber geben zu erkennen, daß sie sich erholt haben, wenn man sie im Bette aufsitzen lassen. Zudem so weis denn auch jedermann, was für abscheuliche Aengstigkeiten die Furcht verursachen kann.

Andere haben geglaubt, sie sehen oder hören einen Hund, ein Kalb, ein Schwein, ein Kalbskopf &c. Hatte denn der Teufel nöthig, einen menschlichen todten Körper lebendig zu machen, in einer solchen Hundes- oder Kalbesgestalt zu erscheinen? Es ist ja zwischen der Ursache, und der vorgegebenen Wirkung nicht die geringste Verbindung.

Ein Hund, eine Katz, über alles, wenn sie schwarz sind, und bei Nacht gesehen werden, sind jederzeit der Teufel, oder ein Gespenst, welches auf dem Freudhofe oder sonst herumschleicht. So gar eine Sau, welche vor einem Hause vorbeigrunzete, wurde (wie einige Zeugenschaften es angeben) für einen aufgestandenen Vampyre gehalten. Ich müßte mich schämen, wenn ich alle die Einfälligkeiten wiederhohlen würde, welche sich in diesen Zeugnissen befinden.

Jedoch es ist Zeit, auch von dem Ursprunge dieser Begebenheit ein Wort zu sagen. Eine gewiße Sallingerin, oder sonst die Wenzel Richterinn genannt, ist vor 18. Monathen begraben worden. Nun giebt man vor, sie sey ein Hexe gewesen, und alles Ubel komme von ihr her. Wo sind aber die Proben, daß sie eine Hexe gewesen? Dieses gute Weib theilte Arzneyen aus, und ihr Sohn hat ihr vorgegebene Arcana entdecket. Es waren Krebsaugen, die sie in

Wasser zerlassen, einige Kräuter und Wurzen &c. ohne die geringste Spur eines Aberglaubens. Einsmals aber, um ihre Kuren zu beschönen, und das Geheimniß noch grösser zu machen; befahl sie einem Kranken, er sollte vier Thaler in eines seiner Hemder einnähen, und ihr zuschicken, so wollte sie ihm die Arzney zukommen lassen.

Nun giebt man vor, dieser Kranke sey verhexet, die Commissarien aber haben ihn examinirt und an ihm wahrgenommen, daß er an einer schweren, doch ganz natürlichen Krankheit, nämlich an der Colica Pictonum krank liege, welche den Kranken an allen Gliedern contract, und zusammen gezogen oder gerumfet macht. Wir sind wirklich beschäftiget im hiesigen Burgerspital einen solchen Kranken zu kuriren.

Ein andersmal soll sie den Tag vorgesagt haben, an dem ein Kranker sollte gesund werden. Diese sind die Beweise, daß sie eine Hexe gewesen. Es hat das Ansehen, daß man bey ihrer Lebenszeit diesen Beweis nicht für gültig oder hinlänglich gehalten, dann sie hat die heiligen Sacramenten empfangen; sie ist im Schooße der Kirche gestorben. Sie ist mit christlichen Ceremonien ins Grab eingeweihet worden: und 18. Monate nach ihrem Tode, muß sie eine verbrennenswürdige Hexe seyn.

Auf solchen Gründen ist die ganze Geschichte gebauet, und man hat Laster auf Laster gehäufet, so gar (darf ich es sagen) Sacrilegia begangen.

Man hat die Frey- und Sicherheit (Asylum) und die Ruhestätte des Grabes verletzt; man hat den guten Namen der Abgestorbenen, und ihrer Familien geschändet, welche ein gleiches Schicksal zu gewarten hätten; wenn solche Misbräuche nicht abgeschaft würden. Man hat die todten Leiber unschuldiger Kinder, derer Seelen die ewige Glückseligkeit genüssen, dem Henker übergeben. Man hat die Söhne gezwungen (entsetzliche Sache) die Leiber ihrer Mutter dem Henker vorzuschleppen. So gar die Kreuze selbst (ein Zeichen, eine Erinnerung unserer Erlösung, die bey der Kirche so verehrungswürdig ist) die Kreuze, sage ich, sind nicht besser verurtheilet worden. Man hat sie schändlich und nur deßwegen verbrennet, weil sie auf den Gräbern dieser unglückseligen Schlachtopfer der Ignoranz, und des Aberglaubens gestanden sind.

Welche schreyende Ungerechtigkeit in der Verurtheilung derjenigen Menschen, welche ein untadelhaftes Leben geführet, und nur das Unglück gehabt haben, daß man sie auf einem Freudhof erst eingegraben, nachdem schon vorher eine angegebene Hexe allda zu Grabe gebracht worden! man erkläret sie für Hexen und Zauberer. Man übergiebt sie dem Schinder, damit er ihre Leiber verbrenne. Man setzt so gar in das Urtheil, daß man sie weit schärfer wurde gezüchtiget haben, wenn sie noch lebendig wären. Man verbrenne aber ihre Leiber mit Spott und Schande, damit dieses ihren Mitgehilfen zum Beispiele diene.m)

Wo sind die Gesetze, welche einen solchen Ausspruch rechtfertigen? Man bekennet, es seyen keine Gesetze vorhanden, hingegen zieht man zur Rechtfertigung ganz kaltsinnig an: es sey also der Gebrauch.n)

Was für eine Menge von Unglücksfällen erfolgen darauf? Viel arme Kranke, und Weiber, die sich zum Gebähren schon bereit fanden, nehmen die Flucht, und finden ihren Tod auf der Strasse. Sie sind doch noch getröstet, daß sie zum wenigsten nach ihrem Tode dergleichen Schande nicht auszustehen hätten.

Die Einwohner, von einer beständigen Furcht durchdrungen, sind bereit, Hauß und Hof um ein anderes Ort zu verlassen. Mit einem Wort, alles ist in Verwirrung.

Daß das gemeine Volk, welches oft sehr wenig unterrichtet ist, in Ausschweifungen verfalle, das bewegt mich zum Mitleiden, und nimmt mich nicht wunder. Aber daß diejenigen, die man für die Meister in Israel hält, ein L......s C.........m dergleichen ungeheure Mißbräuche, die der Vernunft schnur gerade zuwider sind, billige und rechtfertige, das übersteiget meinen Begrif, und setzt mich in eine so starke Zornmüthigkeit, daß ich mich gezwungen sehe, die Feder niederzulegen, damit ich nicht aus den Schranken der Ehrerbietung, die ich ihrem Charakter zu bezeigen schuldig bin, hinausgerissen werde.o)

ENDE.

Errata.

Seite.	Zeile.	Steht.	Lies.
Vorrede.	zuletzt.	Wertlein.	Werkchen.

a) Im Jahre 1755. den 30. Jenner lief in Wienn mit Erstaunung des Volkes die Nachricht ein von einem neuen und seltsamen Proceß, welchen man in einem Dorf von Mähren an jener Gegend, wo es mit Ungarn und Schlesien gränzet, wieder die Abgestorbenen vorgenommen hat; und die Vollziehung des richtlichen Ausspruches wider dieselben wurde von einigen je weniger erleuchteten, desto mehr gefährlichen Geistlichen gut geheissen. Da nun diese Zeitung Ihrer kaiserl. königl. apostolischen Majestät, der vorsichtigsten Monarchinn, zu Ohren kam, wurde ihr mildes Gemüth dadurch so sehr bewegt, daß sie den Herrn Wabst, hernach ersten Leibarzten der kaiserl. königl. Armeen, und den Herrn Gaffer alsdenn Professorn der Anatomie, zween erfahrneste Naturkündiger, ohne Verweilen dahin abgeschickt hat, um den Verlauf, und die Umstände der Begebenheit einzuholen. Nach öfterem genauen Versuchen, nach reifem Unterricht und scharfen Examen haben diese zween vorhergedachte Männer durch ihre Gelehrtheit endlich eingesehen, daß der ganze Lärm von nichts andern herkömme, als von einer eitlen Furcht, von einer aberglaubischen Leichtglaubigkeit, von einer dunkeln und bewegten Phantasey, Einfalt und Unwissenheit bei jenem Volke. Man hat hierauf die Beweise der zween vorsichtigen Naturlehrer eingesehen; man hat den lächerlichen aber doch barbarischen Proceß wider die armen Abgestorbenen durchsucht. Und Herr Baron van-Swieten, einer der gelehrtesten Männer von Wienn, der durch andere seinige weiseste Werke schon so berühmt ist, daß seine Verdienste alles Lob übersteigen würden, hat Ihrer kaiserl. königl. Majestät über dieses Geschäfte sein Gutachten abgegeben durch gegenwärtige **Anmerkungen**, welche er französisch abgefasset hat, die wir aber in deutscher Sprache hier liefern unter dem Titel **Vampyrismus**. Das erlauchte und gerechte Gemüth der glorwürdigen Monarchinn, die in allen Fällen zum Guten ihrer Unterthanen wachet, zeigte über das unbehutsame Verfahren in dieser Proceßsache die höchste Ungnade. Gleichwie man, um dergleichen veraltete Aberglauben auszurotten, Gewalt und behände Entschlüssung brauchen muß; also gaben

Höchstdieselbe plötzlich den ernsthaften Befehl, man solle die schärfesten Rescripten durch alle kaiserl. königl. Erbländer, an alle Magistraten, Policeyverwalter, an alle Regierungen abgehen lassen, kraft welchen dergleichen Aberglauben nicht nur allein verhindert, gestraft, sondern gänzlich aufgehoben seyn sollten. Und wenn sich ein Zufall ereignet, dessen natürliche Ursache man noch nicht genugsam erkennet; sollte sich beileibe keiner mehr erkühnen, sich in diese Händel zu mischen, ohne zuvor Ihrer Majestät davon Nachricht zu ertheilen. Höchstdieselbe werden alsdenn mit jenen Mitteln vorzubeugen wissen, die man in dergleichen Umständen für anständig, nützlich und billig erachten wird.

b) Verschiedene Zufälle und Arten dergleichen Betrüger liest man im unvergleichlichen Tractat des weltberühmten Hermanns Boerhaave unter dem Titel: Elementa chemiæ. 1. B. 2. Th. Venedig 1737.

c) Der gelehrte P. Augustin Calmet, in seiner **Historie der Vampyren**, welche den zweyten Theil seines Buches **von den Erscheinungen der Geister** ausmacht, und im Jahre 1751. zu Augsburg in deutscher Sprache ans Licht getretten ist, bekräftiget, daß es beinahe 60. Jahre sind, daß sich der Ruf von den Vampyren in Ungarn, Pohlen, Schlesien und Mähren auszubreiten angefangen hat. Calmet schrieb sein Buch von Gespenstern und Vampyren im Jahre 1745. und in Wahrheit in der Zeitung Mercurius genannt in dem 1693. und 1694. Jahrslaufe liest man dergleichen Geschichten von etlichen Vampyren in Pohlen, und besonders in Pohlnischreusen.

d) Was man in Griechenland, und im Archipelagus von den **Brucolachen** erzählet, ist das nemliche, was man anderswo von den Vampyren vorgiebt. Der Abt Langlet sagt in der Vorrede seiner historisch-dogmatischen Abhandlung von **den Erscheinungen**: Vampyr, Brucolach, oder Timpanit sind lauter gleichdeutige Worte. Im zweyten Bande dieses Buchs S. 173. liest man das Wort Brucolach kömmt von dem neuen griechischen Worte βουϱχος, welches Koth heisset, und von einem andern λααχος, welches eine Grube oder Cloack anzeiget; denn man beobachtet gemeiniglich, daß die Gruften, wo man dergleichen Körper beisetzet, voll Koth sind.

e) Dieses trug sich den ersten Jenner 1701. in der Insul Micon zu. Der Abt Calmet erzählet diese Geschichte in seinen oben angeführten Buche 32. Cap. auf die nemliche weise, wie wir sie von Tournefort empfangen haben.

f) Mehrere dergleichen Geschichten findet man aufgezeichnet in einem holländischen Kritiker, der uns unter dem französischen Namen Le Glaneur im Jahre 1732. ist bekannt worden. Noch andere liest man in den sogenannten **jüdischen Sendschreiben** 1738, und in des Abten Calmet angezeigten **Buche** Cap. 8.

g) **Vampyr**, oder auch Upyr ist ein schlavonisches Wort, und heißt ein **Blutsauger**.

h) Karl der VI. Röm. Kaiser (seel. Angedenkens) übergab dieses Geschäft Alexandern, Fürsten von Wirtenberg, der dormals das Königreich Servien verwaltete.

i) Dieser Zufall begab sich in einem Dorfe in Mähren, wie man in der ersten Note a angemerket hat. Der Abt Calmet in seinem angeführten Buche 57. Capitel sagt, daß der Herr Baron von Tusseng (Tousiaint) ein Lotharinger, der seinen Herrn aller Orten hin begleitet hat, vom 3. Augustmonats 1746. aus Wien ihm geschrieben habe: Ihro Majestät der Kaiser, Großherzog von Toscana, haben sich im Jahre 1732. verschiedene gerichtliche Protocollen von Untersuchung der Vampyren in Mähren geben lassen. Diese Protocollen werden in jenen Gegenden wie das Evangelium angesehen, ungeacht sie keinen Schatten der Wahrheit enthalten.

k) Der erwehnte holländische Kritiker erzählet, daß zu Tolos in einer Klosterkirche eine Begräbniß sey, in welcher man die vor zwey hundert Jahre verstorbenen Körper sieht, als wenn sie lebendig wären. Sie stehen da auf ihren Füssen aufrecht nach der Länge der Mauer her in ihrer Ordenskleidung. Das wunderbarlichste aber ist, daß die im nemlichen Orte von den unverwesenen geradehin überstehenden Todte, in zwey oder drey Tagen verwesen.

Der unsterbliche Muratorius, da er in der 27. Abhandlung über die italienischen Alterthümer, von einer Münz des Hektors Visconte redet, drucket sich mit diesen Worten aus: »Dieser war ein unehliches Kind von Vernabo; er bemächtigte sich der Herrschaft von Mayland im Jahre 1412, er hatte aber ein Leben von Biltzen. Als Philip Maria, Herzog von Mayland, in der Stadt Monza belageret wurde, bekam Hektor aus einer Armbrust einen heftigen Steinwurf, der ihm das Bein zerschmetterte. Er starb vor Krampf ganz jung. Im Jahre 1698. gienge ich nach der ansehnlichen Gegend von Monza, da beobachtete ich, daß dessen Leib kurz vorher bei Gelegenheit eines Gebäudes ausgegraben worden. Er war in einem schlechten hölzernen Sarge verschlossen, und noch unversehrt, das ist, die Hand war unverletzt, und das gebrochene Bein sah man am Fuß. Wenn man diesen Körper auf den andern Fuß stellete, so stund er aufrecht. Und doch war dieser kein Leib eines Heiligen, wohl aber eines Gottlosen.«

In der Vorrede des schon angeführten Buchs des gelehrten Abten Langlet mit dem Titel: **Historische und dogmatische Abhandlung über besondere Erscheinungen, Gesichter, und Offenbarungen**, liest man: »seye mir es erlaubt, daß ich hier anführen eine Erfahrniß darf, die sich bei den PP. Kapuzinern zu Palermo in Sicilien zuträgt. Sie bestätiget, was ich behaupte, daß nemlich jeweniger sich Unflath in dem menschlichen Körper befindet, desto härter die Gährung und folglich die Fäulung ankomme. Einer von diesen Vättern (ohne Zweifel ein vornehmer Naturkündiger) hat ein Mittel erfunden, kraft welches die Fäulung der menschlichen Körper nach dem Tod, auf viele Jahre, und vielleicht Jahrhunderte, kann verhindert werden. Das Geheimniß, oder Secret, welches er dazu brauchet, ist eine schlechte Sache. Er setzet die entseelten Körper auf einen durchlöcherten Stuhl; und nachdem er die hintere Oeffnung in die Runde aufgeschnitten, gehet durch diese Mündung alle Feuchtigkeit, und Unreinlichkeit, die nach der Fäulung trachtet, von sich selbsten aus dem Leibe hinaus. Alsdenn machte er die Mündung zu, und richtet den Körper in jene Stellung, in was für einer man will, daß er bleiben soll. In diesem Stande erhält sich ein solcher Körper, wo nicht Jahrhundert, wenigstens sehr viele Jahre. Die unterirrdische Kirche dieser Vätter ist voll dergleichen Körper mit überall beigeschriebenen Namen, den sie in Leben gehabt haben. Dieses Trauergesicht, gleichwie es eine Gelegenheit der Demüthigung ist für die Menschlichkeit, so ist es doch auch eine besonders seltene Sache, und kann denjenigen wunderlich vorkommen, die dessen Ursache nicht erkennen.«

l) Johann Christoph Herenberg hat ein Buch Philosophiæ, & christianæ cogitationes de Vampyris im Jahre 1733, geschrieben. Der Verfasser behauptet, daß die Vampyren auf keine Weise die Lebende um das Leben bringen, sondern man müsse alles, was ein falscher Ruf von ihnen aussprenget, einer verwirrten und starken Einbildung zuschreiben. Er führet unterschiedliche Beispiele von seltenen Wirkungen an, welche sich bei den Menschen durch Einbildungen zutragen können.

Auch der obenbenannte holländische Kritiker sagt: wenn ich bei mir selbsten den Tod der geglaubten Marterer des Vampyrismus überlege, so finde ich alle Spuren einer einbilderischen Krankheit derselbigen Gegend, und erkenne ganz klar, daß die Wirkung der grossen Furcht den Tod bei diesem Volke verursache. Der Verfasser bringt darüber eine Geschichte bei.

Der berühmte Tartarotti, als ein verständiger Philosoph sagte in seinem Congresso notturno delle Lamie l. 2. c. 11. »was für eine Geschichte hält man für gewisser, als die Geschichte derjenigen, welche glauben, daß sie nächtlicher weile von den Vampyren überfallen, und also gedrucket werden, daß auch sie in kurzer Zeit sterben. Und doch scheinet es in der That selbsten nichts anders zu seyn, als schlechterdings ein Traum, der von Schrecken und Furcht herrühret.« Von dieser Meinung war auch der gelehrte Pabst und Kirchenhaupt Benedict der 14te in der 5ten Abhandlung vol. 3, wo er eine kurze Geschichte von den ungarischen, mährischen und schlesischen Vampyren verfertiget.

Der Abt Calmet im Beschlusse seines öfters erwehnten Werkes endiget auch mit diesen Worten: »was man von den ungarischen, mährischen und pohlnischen Vampyren erzählet, halte ich für ein glattes Blendwerk, für eine Wirkung einer starken und verwirrten Phantasey, so fleißig auch immer diese Erzählungen von den Richtern untersucht, und in Ansehung ihrer und ihres Gutachten mögen gutgeachtet worden seyn.«

Was die pohlnischen Vampyren betrift, führt er einen Brief an vom 3. Hornung 1745., den ihm der P. Slivyski Visitator der Vättern von der Mißion in Pohlen geschrieben hat, welcher darinne bekennet, daß, ungeacht er alle Sorge, allen Fleiß in dieser Sache angewendet, um auf einen Grund und Wahrheit zu kommen; ungeacht er öfters mit denen, die man als persönliche Zeugen angab, selbst geredet, und sie befraget, er doch keinen einzigen gefunden habe, der sich zu sagen getrauet hätte, er habe etwas von dem, was man vorgiebt, selbsten gesehen. Mithin habe er erkennet, was man davon aussprenget, sey ein leeres Geschrey, eine bloße Einbildung, die die Furcht in solchen einfältigen Leuten verursache.

m) Acht und zwanzig Körper waren es, die in Zeit 18. Monaten in dem nemlichen Freudhofe, wo die vermeinte Hexe ist begraben worden, ihre Ruhestatt hatten. Alle wurden ausgegraben. Neune davon bekamen Gnade, die andere aber, nachdem sie durch ein Loch der Mauer des Freudhofes hinausgeschleppet worden, wurden dem Henker übergeben. Dieser brachte sie auf Schlitten in einem eine Stund vom Dorfe entlegenen Wald, wo er, um sie zu verbrennen, 200. Schuh Holz verbrauchte. Die Schlitten, der Werkzeug, alles, was zu dieser Verrichtung gedienet hat, mußte verbrennet werden.

n) Unterschiedliche wunderbarliche Geschichten von Erscheinungen und Schäden, welche (wie man aussprengte) die Vampyren in Mähren sollten verursachet haben, gaben dem Herrn Carl Ferdinand von Scherz Anlaß ein Buch zu schreiben mit dem Titel: Magia Posthuma; welches der Verfasser dem Fürsten Carl Bischoffen von Olmütz zugeeignet hat, und im Jahre 1706. gedrucket wurde. Er erzählet darinne besondere Schäden, die die Einwohner von einem gewissen Dorfe, (es scheinet, es sey das nemliche, in welchem der obbesagte neue und seltsame Proceß ist angestellet worden) glaubten, daß sie ihnen von einem andern Weibe, welches dortmals gestorben, und eben auch mit den Heiligen Sacramenten der Kirche versehen worden ist, seyen verursachet worden. Schlüßlich wirft der Verfasser eine rechtliche Frage auf: gesetzt, daß diese Schäden (wie man gewiß dafür hielt) von besagtem Weibe herkämen, ob es erlaubt sey, es auszugraben, und andere dergleichen verdächtige Körper zu verbrennen.

o) Vid. Opera de Canonizatione Sanct. vel Dissertationes Benedicti XIV. P. M. extractas ex dictis operibus. Venet. 1752. Vid. Dissert. 5. §. 4. Vol. 3. ubi de Vanitate Vampyrorum. Et Diss. 14. Vol. 3. de incorrupt. Cadav. Vid. etiam

Calmet & Langlet de apparitione spectrorum. Et Lettres Juives par M. d'Argens.

9 789356 903098

Printed at Repro India Ltd.